ÉTUDE

SUR

BARNABÉ BRISSON

PREMIER PRÉSIDENT AU PARLEMENT DE PARIS

PAR

LUDOVIC VALLETTE

AVOCAT A FONTENAY-LE-COMTE (VENDÉE)

FONTENAY-LE-COMTE

CH. CAURIT, IMPRIMEUR

—

1875

ÉTUDE

SUR

BARNABÉ BRISSON

ÉTUDE

SUR

BARNABÉ BRISSON

PREMIER PRÉSIDENT AU PARLEMENT DE PARIS

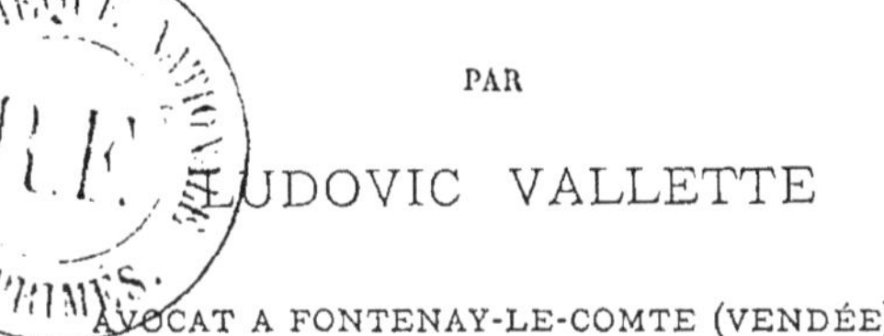

PAR

LUDOVIC VALLETTE

AVOCAT A FONTENAY-LE-COMTE (VENDÉE)

FONTENAY-LE-COMTE

CH. CAURIT, IMPRIMEUR

—

1875

Fontenay-le-Comte a eu ses célébrités ; et ce n'est pas tout à fait sans raison qu'on y a placé cette fameuse Source des beaux esprits (1), *dont la glorieuse mais ambitieuse devise figure encore dans les armoiries de notre ville. Nous avons peut-être quelque peu dégénéré, nous autres Fontenaisiens du* XIXe *siècle, mais il nous reste néanmoins le droit d'être fiers de cette pléiade savante où l'on comptait les Brisson, les Tiraqueau, les Rapin, les Viète, les Colardeau... et bien d'autres encore.*

Parmi ces illustres enfants de Fontenay, nous ne voulons aujourd'hui nous occuper que du président Barnabé Brisson ; et nous le choisissons entre tous, parce que, plus que tout autre, il a été discuté, loué et attaqué. Nous allons essayer d'esquisser, en quelques pages seulement, la figure de cet homme qui a rendu célèbre un nom encore vivant parmi nous, en appelant à notre

---

(1) François Ier, qui aimait les savants et les artistes et goûtait les œuvres de Rabelais, avait voulu récompenser Fontenay d'avoir servi à ce dernier de seconde patrie. Il lui avait donné en 1542, à la sollicitation de maître François, les armes et la devise célébrées si souvent par les poètes du XVIe siècle. L'écu était : *d'azur à la fontaine d'argent maçonné de sable*, et avait deux licornes pour supports. La devise portait : *Felicium ingeniorum fons et scaturigo.*

Cette devise passe pour avoir été composée par Rabelais. (Extrait de *Poitou et Vendée*, par B. Fillon et O. de Rochebrune.)

secours les documents de toutes sortes qu'il nous a été donné de recueillir, en les coordonnant, en les rapprochant les uns des autres pour en faire sortir la lumière. Atteindrons-nous ce but? nous n'osons pas trop y croire... Car jamais homme n'a peut-être eu autant de partisans et de détracteurs à la fois ; chacun, de son côté, s'efforçant ou de le porter au pinacle ou de le traîner sur la claie. Placé entre des opinions aussi divergentes et en même temps aussi nettement arrêtées, nous saurons du moins rester impartial. Nous produirons, à l'appui de la vérité, les résultats de nos recherches, en dehors de tout parti pris d'approbation ou de dénigrement, laissant à nos lecteurs le soin de conclure et de se prononcer eux-mêmes, après l'examen que nous nous proposons de faire des actes, paroles et écrits d'un homme dont la conduite politique a été si diversement appréciée, mais dont on ne saurait contester la science profonde et les éminentes qualités.

I

Barnabé Brisson naquit à Fontenay-le-Comte; en 1531, suivant un certain nombre de biographes, et suivant d'autres, en 1532.

Fils de François Brisson, lieutenant au siége royal de cette ville, il avait pour aïeul et bisaïeul Jehan et Nicolas Brisson, avocats à Fontenay; et il eut deux frères qui, eux aussi, ont eu leur part de célébrité : Pierre Brisson, d'abord lieutenant au siége de Fontenay, puis sénéchal du Bas-Poitou, et Jehan Brisson de la Boissière, qui, moins connu que ses frères, fut néanmoins chargé d'une mission diplomatique.

Barnabé étudia de bonne heure la jurisprudence sous l'impulsion de son père, qui avait reconnu en lui d'heureuses dispositions et une aptitude remarquable. Il s'y distingua bientôt; et dès l'âge de 25 ans, en 1556, il se signalait déjà par les deux premiers livres de son *Selectæ ex jure civili antiquitates.* Un procès important qu'il plaida et gagna à Paris le rendit célèbre comme avocat, et sa renommée attira sur lui l'attention de Henri III, qui sut bien vite apprécier les talents dont il était doué. Le roi l'estimait beaucoup, le consultait souvent, et il se plaisait à répéter, ainsi que le rapporte le père Nicéron dans ses *Mémoires des hommes illustres*, « qu'il » n'y avoit aucun prince dans le monde qui pût se vanter » d'avoir un homme aussi savant que son Brisson. »

L'amitié et l'estime de Henri III, du reste, ne lui furent

point inutiles, et contribuèrent au contraire largement à mettre en relief son talent et son savoir incontestables. Nous le voyons, en effet, devenir avocat général au Parlement de Paris, charge qu'il acheta, en mai 1575, de Guy du Faur de Pibrac.

Au mois de septembre 1579, il va avec quatorze conseillers au Parlement, sous la présidence de Achille de Harlay, tenir les grands jours de Poitiers; et c'est lui qui, en sa qualité d'avocat général, prononce le discours d'ouverture de la session.

En août 1580, Barnabé Brisson achète la charge de président à mortier de la Grand'Chambre, charge qu'occupait avant lui Pomponne de Bellièvre.

En 1581, Henri III lui donna une mission diplomatique en Angleterre. La façon dont il s'acquitta de son rôle d'ambassadeur lui valut les éloges du roi ; et c'est de là que date surtout son influence à la Cour.

En 1584, il préside la « Chambre royale, » commission établie pour poursuivre et juger les partisans qui avaient contribué à ruiner la France.

Henri III, toujours plein de confiance en la capacité hors ligne de « son Brisson, » l'avait chargé également de la rédaction d'un nouveau Code qui devait contenir les ordonnances rendues non-seulement sous son règne, mais encore sous les règnes de ses prédécesseurs. Barnabé y apporta autant d'habileté que de promptitude, car trois mois lui suffirent pour accomplir son travail. Cette œuvre considérable fut imprimée en 1587, sous le nom de *Code de Henri III*, et elle valut à son auteur les éloges les plus sérieux et les plus mérités.

Voici, en effet, ce qu'Estienne Pasquier, célèbre jurisconsulte du temps, qui occupait alors la charge d'avocat général à la Chambre des comptes, pensait de cet ouvrage, et ce qu'il écrivait, à ce sujet, à Barnabé Brisson lui-même :

« Je l'avois bien entendu de quelques-uns, mais je n'eusse » jamais pensé qu'y eussiez apporté une si exacte diligence, » comme celle que j'ai trouvée, lisant votre œuvre. Non que » je ne fusse assuré que viendriez aisément à chef de toutes » choses où vous viendriez donner atteinte par vostre plume; » mais parce que je n'estimois que les grandes affaires du » Palais, esquelles estes plongé pour le rang et le lieu qu'y » tenez, vous eussent peu dispenser de ce beau loisir. Et certes, » quand je considère à part moi ce que je vous ai veu faire » par le passé estant advocat simple, depuis advocat du Roy, » et ce que faites maintenant en la charge de président, je ne » veux pas dire de vous que c'estoit chose esmerveillable, » comme ayant presque passé tout le cours de sa vie à la lec- » ture d'une infinité de livres, il eust eu temps suffisant pour » tant escrire, ou comme ayant escrit, il eust pu dévorer tant » de livres comme il avoit fait; mais bien diray-je que je » m'estonne comme ayant si bien fait au Palais et avec telle » diligence, il ait été en vostre puissance de tant lire et escrire, » ou comme ayant tant leu et escrit, vous ayez peu embrasser » si dignement et d'une telle continue le Palais. » (*Lettres*, livre XI, lettre 1.)

L'extrait qui précède n'est pas seulement une appréciation élogieuse du recueil des ordonnances connu sous le nom de *Code de Henri III*, c'est encore une preuve éclatante des qualités éminentes du jurisconsulte fontenaisien. Pasquier, qui était lui-même un avocat fort remarquable de son temps, ne marchandait pas, on le voit, ses félicitations à Brisson; et cette opinion toute sincère est d'une autorité incontestable, car elle est l'expression des sentiments d'un homme qui à une connaissance profonde du droit joignait encore le mérite d'une impartialité réelle. Nous le verrons, en effet, dans ses *Mémoires*, désapprouver la conduite de Barnabé après la journée des barricades, en tant qu'homme politique et serviteur aimé de Henri III, avec autant de sévérité qu'il avait mis de zèle à prononcer son éloge, en tant que savant infatigable et légiste consommé.

Malheureusement, Henri III n'avait pas toujours d'aussi bonnes inspirations que celle qu'il venait de mettre à exécution en dotant la France d'un recueil complet de lois, tentative qu'avant lui Charles VII et Louis XI n'avaient pu mener à bonne fin. L'administration du royaume laissait, hélas! bien à désirer. Le prince, toujours entouré de ses complaisants *Mignons*, passait ses journées à la composition de sa toilette et ses nuits au milieu des orgies de toutes sortes; et lorsqu'après une période de débauches, il avait organisé une procession de Pénitents dont il n'hésitait pas à prendre lui-même le costume et les allures, lorsqu'il s'était administré en public quelques coups de discipline comme le premier *Flagellant* venu, il croyait avoir suffisamment passé l'éponge sur sa conduite et réglé tout son compte avec Dieu et avec sa conscience.... Pendant ce temps, la France, notre pauvre France, était déchirée par les partis! Les Huguenots et les Catholiques, Henri de Navarre et les Guise, se disputaient la proie : au milieu d'eux, un tiers parti, les Politiques, sorte de parti de conciliation auquel appartenait Barnabé Brisson, demandait la paix, et la paix à tout prix.... Et Henri III, sur son trône, incapable de prendre jamais une résolution énergique, allait de l'un à l'autre, tantôt pactisant avec les Protestants, tantôt sévissant contre eux, dans l'espoir de lasser à la fin tous les partis, mais n'arrivant qu'à épuiser ainsi le peu de prestige royal qui pouvait peut-être rester encore entre ses mains. C'est dans ces circonstances qu'on voit la Ligue naître, grandir, devenir formidable, et le duc de Guise, qui en était le chef réel, se faire le bienvenu, le prince choyé de la bourgeoisie de Paris. Un beau jour, Henri III semble s'apercevoir de l'audace de son puissant adversaire; il sort un instant de sa torpeur, il veut se regimber et mettre ses Suisses en avant.... Il était trop tard!

On crie aussitôt qu'il va y avoir une Saint-Barthélemy de Catholiques, les chaînes se tendent dans les rues, et voilà les barricades dressées dans tout Paris. Nous sommes au 12 mai 1588, à cette fameuse journée qui garda le nom de *Journée des Barricades*, à la suite de laquelle le roi de France, abattu par la Ligue, quitta Paris et se réfugia à Tours où il convoqua le Parlement, en disant qu'il ne rentrerait dans sa capitale que « par la brèche. »

Nous avons dû faire cette petite excursion sur le domaine de l'histoire pour arriver ensuite plus directement au cœur même de la question, c'est-à-dire à ce moment de la vie de Brisson qui lui a valu tant de critiques et tant d'attaques.

Malgré l'édit de Henri III qui transférait à Tours le siége du Parlement, Barnabé resta à Paris ; et, quelque temps après, il était nommé par les Ligueurs premier président, à la place de Achille de Harlay, qu'on venait de conduire à la Bastille.

On l'a accusé de n'avoir pas été étranger à la condamnation de de Harlay, et d'avoir, au contraire, travaillé à le supplanter. Telle est la version du contemporain Jean-Baptiste Legrain (1565-1642). Telle est aussi l'opinion exprimée par de Thou, dans ses *Mémoires*, où il dit de Brisson : « Qu'il avoit mieux » aimé vivre avec les Ligueurs et occuper parmi eux une » place qui *ne lui appartenoit pas*, que de suivre le parti de » son Roi... »

Mais, malgré cela, le fait de ces cauteleuses manœuvres n'a pas été bien complètement éclairci.

Réduit presque exclusivement à de simples conjectures, à de simples réflexions, nous nous garderons donc bien d'affirmer que Barnabé Brisson, loin de supplanter de Harlay, avait, au contraire, conservé pour son ancien condisciple de Poitiers cette amitié fidèle et inaltérable qui ne se contracte que dès l'enfance et sur les bancs d'une même école. Mais, cependant, il est bon d'appeler l'attention sur un fait qui, sans absoudre Brisson du grief porté contre lui à l'endroit de Achille de Harlay, a bien dû avoir exercé quelque influence sur le sort qui fut fait à ce dernier.

Le soir même, en effet, du 12 mai 1588, le duc de Guise, maître de Paris à la suite de la journée des barricades et de la fuite de Henri III à Tours, était allé trouver le président Achille de Harlay, et l'avait engagé à continuer de remplir ses importantes fonctions, pour que le cours de la justice n'eût à subir aucune interruption. Mais celui-ci lui fit une fière et sévère réponse, dont cette phrase est restée célèbre : « C'est » grand'pitié quand le valet chasse le maître. Au reste, mon » âme est à Dieu, mon cœur est au Roi, et mon corps entre » les mains des méchants. » Grande et belle parole, assurément ; mais, adressée au plus puissant du jour, à ce prince de Guise qui, se sentant l'idole, pour ainsi dire, de la population de Paris, n'avait pas craint de venir braver le roi au milieu de sa capitale et jusque dans son palais, c'était en même temps une parole bien dangereuse ; et il n'en fallait pas davantage pour exciter la vengeance du duc de Guise. Après cela, Barnabé Brisson n'a pas dû avoir à peser bien fortement dans la balance pour amener le renversement de Achille de Harlay, et se faire nommer à sa place.

II

Mais ce n'est pas là le principal grief articulé contre Barnabé Brisson. Nous avons vu que, sourd à l'appel du roi qui transférait à Tours le siége du Parlement, il était, au contraire, resté à Paris. C'est cette conduite qui lui a sans cesse été reprochée, et qui a donné naissance contre lui aux accusations les plus graves.

On doit, sans hésiter, reconnaître en principe que la conduite de Barnabé Brisson, en ces circonstances, est loin d'être exempte de tout blâme. Chercher à l'absoudre d'une façon complète, serait vouloir tenter l'impossible ; aussi, nous ne mentionnerons même pas une opinion, qui ne saurait, selon nous, rencontrer un seul partisan sérieux. Examinons pourtant.

Les adversaires les plus acharnés du président Brisson n'hésitent pas à faire de lui le plus ambitieux de tous les traîtres, vendu à la Ligue, et foulant aux pieds tout ce qu'il y a de plus sacré, honneur, fidélité, amitié, pour arriver plus sûrement à ses fins. Leur argument, décisif d'après eux, est celui-ci : Le roi de France n'existait plus que de nom et n'avait pas d'enfant pour lui succéder ; le duc d'Alençon était mort ; le roi de Navarre, hérétique relaps, ne devait point être appelé à monter sur le trône... restait la Ligue, et à sa tête les princes de Guise. Barnabé n'hésita donc pas à se jeter dans les bras des Ligueurs, et à se faire nommer premier président au Parlement de Paris, à la place de Achille de Harlay, qui était conduit à la Bastille.

D'autres, moins sévères à son égard, écartent le grief de trahison, et ne voient que l'ambition qui le poussait vers les honneurs et lui fit prendre le parti de rester à Paris, alors qu'il croyait la cause du roi fortement compromise. Et cette ambition était encore exagérée par un désir excessif d'accroître sa fortune et une crainte perpétuelle de perdre les biens qu'il possédait déjà, ce qui pouvait lui arriver en suivant Henri III à Tours.

Les autres, enfin, plus indulgents encore, ne voient dans sa conduite, à partir de 1588, que la conséquence naturelle et inévitable de l'attitude qu'il avait constamment gardée jusque-là. Barnabé Brisson, qui est toujours du nombre des « Politiques, » n'a vu, selon eux, qu'une seule chose : ménager la Ligue et le roi tout à la fois, ou, pour employer l'expression de Mézeray, « nager entre les deux partis. » Il est resté à Paris, il est vrai, mais il y est resté par force et pour sauver sa vie et celle de sa famille ; il est resté à Paris, mais il y est resté non pas pour donner le champ libre à son insatiable ambition, comme on l'a prétendu, mais pour mieux défendre au contraire la cause royale. On ne saurait donc voir, en cet acte, la moindre trace de trahison. La protestation de fidélité qu'il déposa entre les mains de deux notaires, son attitude constante au Parlement où il saisit toutes les occasions de parler en faveur de la royauté, en sont, du reste, la preuve évidente. Et à tous ceux enfin qui l'accusent d'avoir supplanté de Harlay, les partisans de Barnabé Brisson répondent encore que Achille de Harlay s'était renversé lui-même par sa réponse au duc de Guise, et que les éminentes qualités de Brisson l'avaient seules désigné aux yeux de tous pour remplir les fonctions de premier président.

Sans chercher à adopter complètement l'une ou l'autre de ces opinions, nous croyons du moins, quant à nous, qu'il y a lieu d'écarter le grief de trahison, tel que l'entendent les détracteurs irréconciliables de Barnabé Brisson. Qu'il ait été un grand ambitieux, je le veux bien; qu'il ait été avide ou avare, je vous l'accorde; qu'il ait été, enfin, le plus timoré des trembleurs, si vous voulez, je vous l'accorde encore. Mais de là à dire qu'il a été traître et félon dans toute l'acception criminelle du terme, qu'il a méconnu ses serments, qu'il a oublié la fidélité qu'il devait à son roi, l'amour qu'il devait à son pays, le patriotisme et le dévouement que lui imposaient sa haute situation et la confiance dont il était revêtu, une telle accusation ne me paraît pas entièrement justifiée.

Que voyons-nous, en effet, dans les actes de Brisson, après 1588?

Quelques mois ou plutôt quelques jours sont à peine écoulés depuis son élévation à la présidence du Parlement, qu'il sent que sa conduite pourra être interprétée de diverses façons et même être tournée contre lui : il se rend alors bien vite (mais pas assez hardiment pour le faire au grand jour) chez les deux notaires, Nicolas Lenoir et Jehan Lusson, et dépose entre leurs mains, sous forme de disposition de dernière volonté, une protestation où il atteste de son innocence, de sa fidélité à son prince et de ses sentiments d'honneur. Ceci se passait le 22 janvier 1589. Il faudrait en lire le récit complet dans Pierre de l'Estoille, qui rapporte également le texte de la protestation dans son *Journal du règne de Henri III*, d'où est tiré l'extrait qui suit :

« Ce jour (le 21 janvier 1589), messire B. Brisson, premier président de la Ligue, craignant une catastrophe de tragédie à la ruine de lui et de sa maison, pour estre forcé en son âme à faire et passer tous les jours choses iniques et injustes contre le service du Roy, et qu'on conneust que ce qu'il faisoit au contraire estoit contre son gré et volonté, y estant induit par la terreur des armes et la violence d'un peuple mutiné, qui le tenoit prisonnier sans pouvoir sortir, et aussi pour garantir sa vie et celle des siens de leur fureur, fit la protestation suivante, qu'il escrivit et signa de sa main, et la fist reconnoistre le lendemain par devant deux notaires en forme de disposition et ordonnance de dernière volonté, de laquelle la teneur s'en suit extraite fidellement de mot à mot de l'original :

« Je soussigné déclare qu'ayant consulté et tenté tous les » moyens à moi possibles pour sortir de cette ville, afin de » m'exempter de faire ou dire quelque chose qui peust offenser » mon Roy et souverain seigneur, lequel je veux servir, obéir » et respecter, et reconnoistre toute ma vie, et persévérer en » la fidélité que je lui dois, détestant toute rébellion contre » lui, m'a été impossible de me pouvoir retirer et sauver, » pour estre mes pas observés.... » etc., etc.

Doit-on voir, dans cet acte, une preuve irrécusable de bonne foi, et dire avec Mézeray que Brisson « étoit retourné prendre » sa place au Parlement, pensant ainsi mieux rendre service » à sa patrie?... »

Doit-on, au contraire, considérer cette protestation comme une tactique habile pour se ménager, à toute fin, une porte de sortie ?

Ce qu'il y a de certain, car cela résulte des documents mêmes que nous venons de citer (et c'est peut-être là aussi qu'on peut aller chercher une explication de la conduite de l'homme), ce qu'il y a de certain, dis-je, c'est que Barnabé Brisson, malgré tout son savoir et toute son intelligence qui le plaçaient au premier rang parmi les jurisconsultes de son temps, était loin d'avoir le caractère des sénateurs romains de la grande époque. Brisson n'était pas homme à parler au duc de Guise comme l'avait osé faire de Harlay. Brisson maniait plus aisément la plume que l'épée ; il n'avait jamais coiffé le heaume ni endossé la cuirasse, et il savait infiniment mieux diriger une assemblée qu'il n'eût conduit le moindre piquet de hallebardiers.

Puis, il avait de la fortune, et, il l'avoue lui-même, il lui en coûtait de la perdre. Il a aussi une femme et des enfants, qu'il aime en bon époux et bon père, et, plutôt que de les laisser derrière lui, il a préféré rester avec eux à Paris, dans l'espoir que sa situation au Parlement lui permettra d'arrêter bien des excès et de servir encore de cette façon la patrie et Henri III..... tout en sauvegardant ses intérêts privés.

Certes, Barnabé Brisson pouvait être de bonne foi ; mais il faut avouer aussi qu'il avait une singulière façon de comprendre les devoirs de l'obéissance.

Mézeray, dans son *Abrégé chronologique de l'histoire de France,* Pierre de Lestoille, dans son *Journal du règne de Henri III,* se montrent portés à excuser Brisson.

L'abbé Péraud paraît également convaincu des bonnes intentions du premier président, tout en faisant la part d'une ambition dont il n'était pas suffisamment le maître :

.... « Il est bon d'observer, dit-il en effet, dans ses *Vies des* » *hommes illustres,* que Brisson n'était resté attaché à la » Ligue que par l'ambition qu'il avait eue d'être premier pré- » sident. Au fond, il reconnaissait toute l'injustice de ce » parti, et, lorsque l'occasion le permettait, il soutenait avec » assez de chaleur les intérêts de l'Etat et les maximes du » royaume... »

Mais s'il se trouvait, d'un côté, des avocats pour plaider en sa faveur, il n'en manquait pas non plus, d'autre part, pour donner la réplique à ses défenseurs.

Jean-Baptiste Legrain, dans sa *Décade de Henri-le-Grand,* et Auguste de Thou, dans ses *Mémoires,* n'ont pas épargné à Brisson les plus sévères attaques, et de Thou écrivait lui-même en toutes lettres « qu'il avoit mieux aimé vivre avec les Li- » gueurs et occuper parmi eux une place qui ne lui apparte- » noit pas, que de *suivre le parti de son Roi....* »

Scaliger n'est pas moins dur, lorsqu'il dit dans ses *Scalige-*

rana : « .... Il étoit riche, mais il avoit beaucoup gagné par » injustice; c'étoit un méchant homme. »

Et Pasquier, qui savait si bien rendre justice aux talents remarquables de Barnabé Brisson, n'hésite pas, dans ses *Lettres,* à considérer sa conduite politique comme mauvaise et tout à fait indigne d'un homme tel que lui. Il raconte même, en ces termes, que le président ne balança pas longtemps à prendre le parti de rester à Paris :

.... « Les Ligueurs s'estant rendus maistres de Paris par » l'absence du Roi, lui (Brisson), qui estoit d'un esprit re- » muant, commença de branler en son âme. Feu monsieur le » président Séguier me conta un jour dedans Tours, que sor- » tant ensemble de la messe de dix heures du Palais, mon- » sieur Brisson lui demanda quel party il déliberoit suivre en » cette nouvelle division : à quoy lui ayant répondu : Celui du » Roy, et que de cela il n'en faisoit aucun doute, adoncques » monsieur Brisson lui repartit qu'il y avoit beaucoup à penser » avant que de s'y résoudre. Toutesfois la vérité est qu'il ne » marchanda pas longuement sur ce subject, d'autant qu'en » moins de rien il se rendit du tout populaire, captivant sans » dissimulation les principaux mutins de la ville. Qui fut cause » que, le seizième jour de janvier, auquel la plus grande partie » des seigneurs du Parlement furent menez en triomphe et » emprisonnez par Bussi et par ses complices, il ne se trouva » pas au Palais, ayant eu advis de ces messieurs de tout ce » qui devoit se passer ce jour-là, et pour y apporter quelque » prétexte d'excuse, prit médecine. Quelques jours après, tous » les autres présidents, estant les uns emprisonnez, les autres » cachez ou fugitifs, comme s'il eust été au dessus du vent, » sans faire démonstration de deuil du mal advenu, manda » par des huissiers à tous les conseillers qui estoient en liberté » de se trouver au Palais; et pour éviter le scandale (comme » il disoit), fit ouvrir l'audience où il siégea seul. »

On pourrait citer encore bien d'autres fragments des historiens de l'époque ou des historiens modernes sur une question aussi controversée. Mais n'en voilà-t-il pas assez pour éclairer ceux qui ont bien voulu suivre cette étude sur le président Brisson, et pour permettre à chacun de se créer une opinion, en pleine connaissance de cause ?

III

Quel que soit, d'ailleurs, le mobile qui ait poussé Barnabé Brisson à agir comme il le fit, qu'il y ait eu de sa part calcul ambitieux ou bonne foi, il ne devait point atteindre le but qu'il s'était proposé.

Il est toujours dangereux de jouer avec la popularité, et le premier président ne devait pas tarder à l'éprouver lui-même. Arrivé au faîte des honneurs, il allait être renversé à son tour.

Déjà, il avait transpiré quelque chose de sa protestation de fidélité : les tabellions d'alors n'avaient sans doute pas encore acquis cette renommée de discrétion qui est un des apanages de leur corporation. Les Ligueurs, de leur côté, ne voyaient pas sans mécontentement Brisson saisir de temps à autre l'occasion de plaider en pleine assemblée la cause de la royauté. Enfin, ce qui acheva de le perdre, ce fut l'acquittement prononcé par le Parlement d'un nommé Brigard, que les Seize accusaient de connivence avec les royalistes. A dater de ce jour, les Seize, qui étaient alors les véritables maîtres de Paris, décrétèrent sa mort, n'attendant plus que le moment favorable pour mettre à exécution leurs projets de vengeance.

Brisson avait bien été, dit-on, averti par des amis qu'il se tramait quelque chose contre sa personne ; mais, confiant en la bonne fortune qui lui avait souri jusque-là, il ne voulait pas y croire, et il continuait à se rendre au Parlement et à remplir ses fonctions de premier président, sans se préoccuper autrement des dangers qu'il courait. Mais les Seize ne pouvaient retarder bien longtemps le dénouement tragique qu'ils avaient préparé ; car ce n'était pas seulement Brisson, c'était aussi le duc de Mayenne qu'ils voulaient frapper dans la personne de son protégé et ami. Ils décidèrent entre eux, en conseil secret, qu'il « falloit l'expédier ; » et le 15 novembre 1591, Brisson fut en effet arrêté, ainsi que plusieurs autres membres du Parlement, parmi lesquels se trouvaient les conseillers Larcher et Tardif.

Il faut « l'expédier, » avaient décidé les Seize. Jamais peut-être ordre ne fut suivi plus ponctuellement. Arrêté au moment où il se rendait siéger au Parlement, il fut conduit aussitôt au Petit-Châtelet ; et là, après un semblant d'interrogatoire, Brisson, reconnu coupable comme chef des Hérétiques et des Politiques dans Paris, fut condamné et pendu sur-le-champ à l'une des poutres de la chambre du Conseil. Arrêté à neuf heures du matin, confessé à dix, exécuté à onze : vit-on jamais justice plus sommaire ? Les conseillers Larcher et Tardif eurent le même sort que leur président ; et le lendemain, leurs trois cadavres étaient exposés en place de Grève.

Moréri, dans son *Dictionnaire*, prétend que Barnabé Brisson fut mené à la Bastille et étranglé dans sa prison. C'est là une erreur inexplicable, que tous les historiens viennent rectifier ; car, de l'avis de tous, il fut conduit, jugé et exécuté au Petit-Châtelet.

C'est encore aux *Lettres* d'Estienne Pasquier que nous allons emprunter le récit de ce drame sanglant ; car on y trouve non-seulement les détails les plus circonstanciés, mais encore les noms de tous les principaux acteurs qui y ont figuré :

.... « Les factieux placèrent bon nombre de leurs gens dans » un endroit par lequel l'infortuné Brisson devoit passer pour » se rendre au Palais. Y étant arrivé entre les sept et huit

» heures du matin, le capitaine Normant l'aborda et lui dit
» que le seigneur de Belin, gouverneur de la ville, souhaitoit
» de lui parler. Le président répondit que l'affaire ne pressoit
» point, et qu'il iroit le trouver en sortant du Palais. Sur quoy
» il fut assailli par une troupe des factieux qui le menèrent
» au Petit-Châtelet. Il y trouva le commissaire Louchart,
» Ameline, avocat au présidial, Aimonnot, procureur au
» Parlement, Henroux et Morin Cromer, conseillers au Grand-
» Conseil; et on ne doute point que Crucé, procureur en la
» Cour d'Eglise, ne fust aussi de la partie. Ameline dit au pré-
» sident : « *Tu sais bien que tu es un traître, il faut que tu*
» *meures; mais, avant que de mourir, tu répondras sur les*
» *articles qui te seront présentement lus.* »

» Brisson lui demanda quelle juridiction ils avoient sur lui,
» et ajouta qu'il ne connaissoit d'autre juge de ses actions,
» après Dieu, que la Cour du Parlement. Sur quoy, Cromer,
» levant le masque, lui dit qu'il n'étoit plus question de l'in-
» terroger, sa sentence étant déjà prononcée; et il commanda
» à Hugues Danel, sergent, de se saisir de sa personne. Le
» greffier lui lut la sentence et on le mit entre les mains du
» bourreau, nommé Jean Rozeau, qui, ayant dit qu'il n'avoit
» point de cordes, Benjamin Daulan, geôlier, dit qu'il en avoit,
» dont le président, revêtu de sa robe du Palais, et son cha-
» peron sur l'épaule, fut lié et garrotté. Alors il pria ces
» furieux de le confiner entre quatre murailles, pour achever
» un livre de droit qu il avoit commencé; mais Cromer lui
» commanda de penser à sa conscience, et Aubin Blondel,
» prestre aposté pour cela, lui fut donné pour le confesser, ce
» qu'il fit dans une chambre haute où on le fit monter; et
» ensuite on le pendit à une grande poutre. .... »

Telle fut la fin malheureuse de Barnabé Brisson, « catas-
» trophe indigne, suivant Mézeray, d'un si docte et si excellent
» homme, mais ordinaire à ceux qui pensent nager entre les
» deux partis. »

C'est là, en effet, la plus grande faute qu'il ait commise. Il avait cru pouvoir ménager les uns et les autres, et rester à Paris avec les Ligueurs, tout en conservant des attaches avec les Royalistes. Mais cette politique de ménagement et de conciliation le conduisit à sa perte. Et l'abbé Péraud, dans ses *Vies des hommes illustres de la France*, dit à ce propos : « Il » eut le malheur d'éprouver que la plus grande habileté dans » les affaires est d'une faible ressource, lorsqu'il s'agit de » manier les esprits d'une populace furieuse. »

Barnabé Brisson, sur le point d'être exécuté, avait demandé en grâce à ses juges de lui accorder quelques jours pour achever en prison un ouvrage déjà fort avancé qu'il était en train de composer : suivant les uns, c'était un ouvrage de droit; suivant les autres, un traité sur l'instruction de la jeunesse. Ce fait dénote assez que l'amour du travail était inné chez Brisson, et l'on ne s'étonne plus dès lors que cet homme, dont les instants étaient nécessairement absorbés en grande partie par ses occupations politiques et judiciaires, ait pu néanmoins trouver le moyen d'écrire tous les livres qui nous sont restés de lui. Si un côté de sa vie a été l'objet des critiques les plus acerbes, personne n'a songé du moins à contester son intelligence hors ligne, son « immense » érudition et sa grande aptitude pour tout ce qu'il entreprenait. Brisson n'était pas seulement un jurisconsulte de cabinet, c'était aussi un avocat de talent, et un orateur d'autant plus fécond qu'il était admirablement servi par une science et une mémoire étonnantes.

Le cardinal du Perron raconte, dans ses *Perronniana*, que le président Brisson avait comme un pressentiment du genre de mort qui l'attendait, parce que, « en prononçant ses » discours, dit-il, il regardait toujours aux soliveaux. » Ce rapprochement, établi entre une attitude qui pouvait être habituelle à l'orateur et le supplice de la pendaison qu'il eut à subir, avait sans doute paru un trait d'esprit au cardinal du Perron, qui n'aimait pas Brisson et l'appelait « mauvais harangueur, » mais il ne saurait être pris au sérieux. Quel est l'orateur, du reste, qui n'a pas ses gestes à lui, ses intonations de voix, son jeu particulier, si je puis m'exprimer ainsi ?

On comprend davantage l'observation du conseiller Du Vair, qui fait remarquer, dans son *Traité sur l'éloquence*, que Brisson songeait plutôt, dans ses harangues, « à être savant qu'à être » véritablement éloquent. » Mais c'est là un reproche qu'on serait en droit d'adresser à peu près à tous les orateurs de cette époque. C'était le genre d'alors; et les écrivains ne cherchaient pas davantage à l'éviter : c'est ce qui explique les in-folios si nombreux et si volumineux qui sont sortis, durant cette période, des presses de Lyon et d'Amsterdam.

D'un autre côté, on ne doit pas oublier que, tout jeune encore, Barnabé Brisson s'était conquis une place honorable dans le barreau de Paris, et qu'il se signalait, dès 1565, dans un procès de succession, qui commença sa réputation comme avocat. Pour n'en citer qu'un autre exemple, plus tard, en 1579, alors qu'il était avocat du roi, nous le voyons plaider dans un différend qui s'était élevé entre l'École de médecine de Paris et certains empiriques. Il conclut en faveur de l'École, qui eut en effet gain de cause; et les professeurs arrêtèrent entre eux que Brisson et les siens, quand ils seraient malades, seraient soignés gratuitement et à domicile, soit par un des médecins, soit par plusieurs, soit par « tous ensemble, » si besoin était... Mais toute la bonne volonté des hommes de l'art ne devait point réussir à le sauver de la fin tragique qui lui était réservée.

De tout temps, en France, on a eu l'esprit léger; bien avant que Boileau eût dit que le Français était « né malin, » il aimait à rire, fût-ce même aux dépens du voisin; et déjà, sous Henri III, on cultivait l'épigramme. Le président Brisson venait à peine de subir le dernier supplice, que l'on composait pour lui une épitaphe satirique, qui est rapportée tout au long dans la *Décade* de Legrain. Elle est en latin, mais en latin assez facile pour qu'il soit inutile d'en donner la traduction. Nous nous contentons seulement de signaler les noms qui sont l'objet ou d'un jeu de mots ou d'une allusion à quelque personnage de l'époque :

« Barnabæ Brissonii præsidis maximi exsangue cadaver hic » repostum est, qui, dum vixit, pecuniam *cruce* signatam ada- » mavit, *crucem* adoravit, *cruci* affixus est, et a *Cruce* (1) cæte- » risque cruentâ pietate ferventibus, in æde *Crucis* (2) sepul- » tus. Viden, viator, quem fructum reportarunt carnifices isti » catholici novi e sacris litteris et concionibus? Ex *Barnabâ,* » unicâ sublatâ, unicâ additâ litterâ, *Barrabam* effecerunt : » necaverunt tamen. Itane innocens a nocentibus, prudens ab » insanis, judex a reis capitalibus, capite plectitur! Disce, via- » tor : Deus falli non potest.

» Abi prosperè et cave ! (3) »

---

(1) *Cruce....* On veut désigner Oudin Crucé, procureur en la Cour d'Eglise, un des Seize, dont il est déjà question dans le fragment cité de Pasquier.

(2) *In æde Crucis....* C'est en l'église Sainte-Croix de la Bretonnerie qu'il fut enterré.

(3) On ne lira peut-être pas, sans quelque intérêt, l'épitaphe suivante, relevée par Beauchet-Filleau, et que nous copions textuellement dans son *Dictionnaire sur les anciennes familles du Poitou*, ainsi que les réflexions dont il l'a fait suivre :

« Cy-devant reposent les corps de la très illustre famille des Brisson, » qui ont tous distingué leur zèle pour l'État dans les charges les plus » honorables. L'histoire fait l'éloge des lumières et de l'intégrité de » Barnabé Brisson, premier président du Parlement, dans les troubles » de Paris, aussi bien que de sa sagesse et de sa prudence, et surtout » de sa fidélité; de l'attachement avec lequel il soutint les intérêts de » son prince et de sa patrie. Les charges de sénéchal et de président » de cette ville ont été très dignement remplies et successivement par

La mort de Brisson ne resta pas cependant impunie, car le duc de Mayenne avait senti vivement le coup qui l'atteignait dans la personne du premier président. Dix-huit jours après sa condamnation, les juges criminels qui l'avaient prononcée étaient pendus à leur tour dans la salle basse du Louvre. Cette réparation ne suffisait pas; et plus tard, en 1595, le jugement de Brisson fut révisé sur la demande de sa veuve, Denyse de Vigny, et sa mémoire réhabilitée.

Il laissait derrière lui trois enfants, mais seulement des filles :

1° L'aînée, Madeleine, épousa Jacques Lecomte, président des trésoriers de France, seigneur d'Yteville et de la Ferté-Aleps.

2° La cadette, Marie, dame d'honneur de Catherine de Médicis, fut mariée trois fois : en premières noces, à Edme

---

» ses descendants. François Brisson les réunit en sa personne. Il avait » épousé Louise Genays, d'où est sorti Barnabé Brisson, dernier du » nom, et Marie-Barnabée Brisson, morte en odeur de sainteté le » 31 août 1724. Ils firent plusieurs donations en différentes églises » même de cette ville, dont une fondation de trois cents livres de rente » perpétuelle dans cette paroisse, avec le logement de deux prêtres » obligés à desservir l'église et à dire la messe alternativement et à » perpétuité tous les lundis et mercredis, à dix heures et demie du » matin, pour le repos de leurs âmes et de celles de leurs successeurs, » suivant qu'il est porté dans l'acte du 16 avril 1680, passé par Ballart » et son confrère, notaires audit Fontenay.

» Messire Jacques Genays, écuyer, seigneur du Chail-Laulonnière, » des Champs et autres lieux, conseiller secrétaire du Roi, maison et » couronne de France et de ses finances, ancien gendarme de sa garde » ordinaire, a fait dresser ce monument en mémoire de leur piété.

» DE PROFUNDIS. »

Comme on l'a vu en l'article de Barnabé Brisson, tous les écrivains ne partagent pas entièrement l'opinion du rédacteur de cet éloge sur la *fidélité et l'attachement* du président *à soutenir les intérêts de son prince*. Mais il ne faut pas oublier que ceci est une épitaphe.

(*Extrait de Beauchet-Filleau.*)

de la Chambre, baron de Ruffey, et, en secondes noces, à François Miron, chevalier, seigneur de Bonnes, président du grand conseil du roi, conseiller au Parlement, maître des requêtes et prévôt des marchands de 1604 à 1606. Ce François Miron possédait une fortune très considérable. C'est de lui que Henri IV, parlant à Sanguin, son successeur, disait : « Je ne » vous diroi autre chose, pour vous exhorter à votre devoir, » sinon que vous suiviez le lieutenant Miron qui vous a devancé ; » car ma ville de Paris, sous sa prévôté, a été de beaucoup » embellie de bâtiments pour les commodités publiques. » Et en effet, d'après certains documents, et notamment d'après Mézeray, il aurait achevé à ses frais la façade de l'Hôtel-de-Ville, « lequel semblait être demeuré imparfait depuis soixante-douze ans, » élargi plusieurs rues, et créé huit ou neuf places et carrefours avec fontaines jaillissantes.

3° La plus jeune, Denyse, épousa François de Broë, président aux requêtes du Palais, à Paris.

C'est donc seulement par les branches collatérales que le nom de Brisson s'est transmis honorablement jusqu'à nos jours, où nous le retrouvons encore.

Les armes de Brisson, telles qu'elles sont désignées dans le *Dictionnaire* de Beauchet-Filleau (I, p. 486), étaient : « *d'azur à trois fusées d'argent.* » L'*Armorial universel* de Jouffroy d'Eschavannes ajoute : « *posées en fasce.* »

C'est, du reste, ainsi qu'elles sont représentées dans un portrait gravé, qui est encore entre les mains d'un des membres de la famille du président Brisson (1).

---

(1) On lit au bas de ce portrait le quatrain suivant :

Viderit effigiem quisquis, Brissonnius illi
Picto notus erit, Papiniane, tuus.
Si fata exitium utrique immatura dedere,
Pœnituit facti jam satis ipsa sui.

Papir. Massonius.

IV

Il convient, pour compléter cette notice, de parler des œuvres dues à Barnabé Brisson.

Le président, lorsqu'il rentrait chez lui après avoir siégé au Parlement, ne songeait qu'à reprendre la plume et à se remettre à ses travaux de prédilection. Aussi, est-il l'auteur d'un nombre assez considérable d'ouvrages, tous généralement estimés, où l'on trouve à chaque page la trace de cette profonde érudition qui le plaçait au premier rang parmi les savants de son époque. En voici, du reste, la liste :

1. *De verborum quæ ad jus pertinent significatione libri XIX, per ordinem litterarum dispositi.* — C'est un dictionnaire de droit; Brisson y définit les termes employés, en signalant en même temps les passages des auteurs où ils se rencontrent.
2. *De ritu nuptiarum et jure connubiorum.*
3. *De solutionibus et liberationibus libri tres.*
4. *Selectarum ex jure antiquitatum libri IV.*—Brisson n'avait encore que 25 ans lorsque parurent les deux premiers livres de ce traité, écrit dans cette pensée qu'il était impossible de bien comprendre les lois romaines, sans connaître les antiquités.
5. *Ad legem Juliam de adulteriis liber unus.*
6. *Divini ac humani juris observationes.*
7. *De formulis et solemnibus populi romani verbis.*—C'est un des ouvrages les plus volumineux qu'ait composés Brisson.

8. *De regio Persarum principatu.*—Dans ce recueil, l'auteur a réuni tout ce qu'il a pu rencontrer chez les historiens anciens, relativement à la royauté chez les Perses.

9. Enfin, le fameux *Code de Henri III*, dont nous avons déjà parlé longuement, qui fut imprimé à Paris en 1587, et valut à l'auteur les plus grands éloges.

Il faut ajouter à cette liste les *Notes sur Tite-Live*, *Notæ in Titum-Livium*, qui parurent dans le *Tite-Live* de François Modius, en 1588; et un choix de ses plus remarquables *Plaidoyers*, édité à Paris en 1634.

Le père Nicéron rapporte enfin, dans ses *Mémoires sur les hommes illustres*, que le président Barnabé Brisson composa plusieurs pièces de vers, tant en français qu'en latin, et que ces dernières figurent dans le recueil, publié à cette époque, des *Poètes latins de la France*. Il aimait, en effet, la poésie, et dans une épître adressée à un ami, il se plaint, en ces termes, de ce que ses fonctions judiciaires l'empêchent de se livrer plus souvent à des travaux littéraires de son goût :

Cur mihi non liceat, gestis quæcumque supersunt
Rebus, ea in libris felici ponere sorte
Tempora non ingrata?....

Nous avons jugé inutile d'indiquer les différentes éditions qui ont été données de tous ces ouvrages; nous dirons seulement que les premières sont presque toutes sorties des presses de Lyon. — Plus tard, on les réunit, sous le titre d'*Opera varia*, en un seul corps, publié à Paris en 1606 dans le format in-4°, et à Leyde en 1749, dans le format in-folio.

Les Traités de droit, de Brisson, sont aujourd'hui bien défectueux et bien incomplets, assurément; mais, néanmoins, ils sont encore recherchés et appréciés par tous les bibliophiles; et Brunet, guide toujours compétent en pareille matière, s'est bien gardé de les oublier dans son *Manuel du libraire et de l'amateur de livres*.

V

Telle a été la vie laborieuse de notre compatriote, le président Barnabé Brisson, tombé sous les coups des Ligueurs comme son collègue et contemporain le président Duranti, du Parlement de Toulouse.

Son nom a été donné à l'une des rues de notre ville, et il figure inscrit en lettres d'or sur la façade du Palais de Justice. Enfin, le 6 novembre 1866, sur la demande de l'administration municipale, le ministère des beaux-arts nous accorda une copie du portrait de Barnabé Brisson dont l'original se trouve au musée de Versailles, copie destinée à orner la grande salle de la Mairie, où on peut la voir encore à côté du buste de François Viéte.

L'impulsion est donnée : il n'y a plus qu'à la suivre. Le jour n'est donc pas éloigné, nous l'affirmons d'avance, où Fontenay-le-Comte, pour perpétuer le souvenir de ses célébrités, réunira dans une même galerie, comme de véritables tableaux de famille, les portraits de tous ses plus illustres enfants.

L. VALLETTE.

Fontenay-le-Comte. — Imprimerie Ch. Caurit.

www.ingramcontent.com/pod-product-compliance
Ingram Content Group UK Ltd.
Pitfield, Milton Keynes, MK11 3LW, UK
UKHW022202190726
13855UKWH00004B/1591